L'autobus magique

TOMBE À L'EAU
Un livre sur le cycle de l'eau

Les éditions Scholastic

D'après un épisode de la série télévisée animée produite par Scholastic Productions, Inc.
Inspiré des livres *L'autobus magique* écrits par Joanna Cole et illustrés par Bruce Degen.

Adaptation tirée de la série télévisée écrite par Pat Relf et illustrée par Carolyn Bracken. Scénario de George Arthur Bloom.

Texte français de Lucie Duchesne

Données de catalogage avant publication (Canada)

Relf, Patricia
L'autobus magique tombe à l'eau

Traduction de: The magic school bus wet all over.
ISBN 0-590-16694-8

I. Cycle hydrologique - Ouvrages pour la jeunesse.
2. Eau - Ouvrages pour la jeunesse. I. Bracken, Carolyn.
II. Duchesne, Lucie. III. Titre.

GB848.R44314 1997   j551.48   C97-930762-7

Pour toute information concernant les droits, s'adresser à Scholastic Inc., 555 Broadway, New York, NY 10012.

Titre original : The Magic School Bus wet all over

ISBN 0-590-16694-8
L'AUTOBUS MAGIQUE est une marque déposée de Scholastic Inc.

Édition publiée par Les éditions Scholastic, 123, Newkirk Road, Richmond Hill (Ontario) L4C 3G5.

4 3 2 1   Imprimé aux États-Unis   7 8 9/9

Dans la classe de Mme Friselis, on fait toujours quelque chose
d'intéressant et d'amusant. En ce moment, nous étudions l'eau.
Tous les élèves réalisent un projet.

Catherine et Jérôme ont fabriqué une maquette d'usine de filtration.

— Il ne reste plus qu'à ajouter de l'eau! dit Catherine.

Catherine amène Jérôme dans la toilette des filles pour chercher de l'eau.

— Vite, Catherine! dit Jérôme. C'est très gênant. Si jamais quelqu'un me trouvait ici!

— Mais qui pourrait bien nous surprendre? lance Catherine en riant. Françoise?

Jérôme devient tout rouge. Enfin, le seau est rempli.

— Allez, Jérôme, retire le bouchon et ferme le robinet, dit Catherine.

Elle prend le seau et part vers la classe.

Jérôme est en train de fermer le robinet lorsqu'il entend quelqu'un entrer. C'est Françoise!

Françoise se met à courir et Jérôme part à ses trousses. Il doit lui expliquer la situation! Mais il a oublié le robinet, et l'eau continue à couler.

Jérôme secoue la tête. Quelle horrible journée, et ce n'est pas fini!

Dans la classe, Catherine fait l'essai de sa maquette.

— On verse l'eau, dit-elle. L'eau passe par les bassins de filtration et sort par le tuyau, à l'autre bout. Parfait!

Lorsque Carlos ouvre la porte de l'armoire à balais, une énorme vague en sort... avec notre professeure, Mme Friselis. Est-ce que je vous avais dit que Mme Friselis est un peu... différente?

— Bonjour, les enfants! dit-elle. Êtes-vous prêts à en apprendre plus sur l'eau?

— J'aimerais plutôt aller aux glissades d'eau, dit Catherine.

Mme Friselis a soudain ce regard étrange qui ne laisse présager rien de bon.

— Bien sûr! s'exclame-t-elle. Pour en savoir plus sur l'eau, il faut plonger! Nous partons en excursion.

Les glissades d'eau! Super!

C'est génial!

Oh oh...

Encore une excursion?

Frisette nous emmène dehors et nous montons dans
le vieil autobus scolaire. Hélène-Marie vérifie son pluviomètre.

— Il a plu beaucoup! s'exclame-t-elle.

— Près de 5 cm ce matin, précise Thomas.

Hélène-Marie inscrit ce renseignement dans son cahier.

— Tout un record pour l'école!

— En voiture! crie Frisette, installée au volant.

— C'est parti! lance Frisette.

Soudain, nous entendons un énorme gargouillement. Jérôme écarquille les yeux et murmure :

— Je ne pense pas que ce soit le chemin des glissades d'eau.

— Qui a dit que nous allions aux glissades d'eau? répond Mme Friselis. Pourquoi aller voir de l'eau quand nous pouvons *devenir* de l'eau? Accrochez-vous!

L'autobus s'élève dans les airs. Nous avons froid et nous nous sentons pesants. Nous nous transformons en eau! Dans un grand *PLOP!* nous tombons directement dans le pluviomètre d'Hélène-Marie.

Je déteste être mouillé.

— Bienvenue dans le monde aquatique! dit Mme Friselis.
Catherine nage avec bonheur dans le pluviomètre.

— C'est génial! s'exclame-t-elle. On est bien et il fait chaud, avec ce soleil. On peut rester toute la journée?

— Je ne crois pas, dit Raphaël qui commence à flotter dans les airs. Je pense que nous montons!

— Tu as raison, explique Mme Friselis qui se met à flotter vers le haut elle aussi. Lorsque le Soleil réchauffe l'eau, elle s'évapore et se transforme en un gaz appelé vapeur d'eau.

Nous sommes tous devenus de la vapeur d'eau et nous montons vers le ciel.

— C'est complètement fou! dit Jérôme. Je veux redevenir de l'eau.

— Mais tu *es* de l'eau, Jérôme, dit Hélène-Marie. Maintenant, tu es de la vapeur d'eau, qui est un gaz, pas un liquide.

Il se met à faire froid, tout en haut, dans les airs.

— Brrr! fait Catherine. Hé! regardez! Je me transforme en gouttelettes!

Mme Friselis sourit. L'excursion se déroule selon ses projets.

— Le souhait de Jérôme est exaucé : nous redevenons liquides. Nous nous condensons, explique-t-elle.

C'est étrange d'être des nuages, surtout lorsque le vent se lève. Il nous transporte au-dessus d'un cours d'eau, puis d'une forêt. Puis nous formons un gros nuage.

— Où sommes-nous? demande Jérôme.

— En descente, j'imagine, répond Mme Friselis.

Comme de fait, nous amorçons notre descente. Notre nuage se met à pleuvoir!

Nous atterrissons sur des feuilles et glissons vers le sol.
Puis nous nous retrouvons dans un ruisseau qui dévale.
— Suivez le guide, les enfants! dit Mme Friselis en souriant.

Quelle aventure! Nous arrivons dans une rivière qui grossit, grossit. Soudain, dans un grand *Flouch!*, nous dévalons une chute.

— Mais pourquoi cette eau coule-t-elle si vite? demande Pascale en refaisant surface.

— L'eau va toujours vers le point le plus bas, répond Frisette. Et nous y voici, dans l'océan!

Nous arrivons dans l'océan.

— Désolée, Jérôme, dit Mme Friselis. Pas le temps de se reposer. On se réchauffe, non? Le Soleil agit. Alors, qu'est-ce qui se passe ensuite?

— Nous allons nous... évaporer? demande timidement Jérôme lorsque nous nous élevons dans les airs.

— C'est ça! dit Frisette. Et lorsque nous atteignons l'air froid?

— Nous nous condensons! répond Pascale en souriant. Nous devenons des nuages et le vent nous déplace.

— ENCORE? grogne Jérôme.

— Et ce n'est pas la dernière fois, Jérôme, dit Mme Friselis.

— Vous voulez dire que l'eau continue à s'évaporer, à se condenser et à tomber en pluie *pour toujours*? s'inquiète Jérôme.

— En plein dans le mille! s'exclame Frisette. C'est pourquoi on parle du *cycle* de l'eau. Il se reproduit sans cesse. En fait, je crois que nous allons redevenir de la pluie dès maintenant.

Et nous «pleuvons» directement dans notre école.

— Enfin, nous sommes de retour! dit Jérôme.

Puis il regarde par la fenêtre où lui et Catherine ont atterri.

— Oh! non! les toilettes des filles. J'ai oublié le bouchon et le lavabo déborde!

— Liza s'occupe de tout, dit Catherine. À moins que sa queue soit prise dans le robinet?

Liza acquiesce frénétiquement, tout en essayant de dégager sa queue.

— Nous devons aider Liza! s'écrie Catherine. Mais comment entrer dans les toilettes?

Jérôme réfléchit à toute vitesse.

— J'ai une idée! dit-il. Nous sommes de l'eau, alors nous pouvons passer par les tuyaux des toilettes. Mais pour arriver jusqu'aux tuyaux, nous devons commencer par l'usine de filtration. Suis-moi!

Jérôme trouve un endroit ensoleillé. Immédiatement, il s'évapore.

Et c'est reparti!

Que pouvions-nous faire d'autre que suivre Jérôme? L'usine de filtration n'est pas très loin et, heureusement, le vent souffle dans la bonne direction.

— Nous y voici! annonce Jérôme. Nous sommes juste au-dessus du réservoir.

Catherine est tout excitée.

— Hé! c'est là que l'eau est entreposée et où commence la filtration.

— Serrez les rangs, les enfants! ordonne Mme Friselis. Préparez-vous à pleuvoir!

Nous sommes aspirés dans un gros tuyau, avec plein de saletés et de déchets contenus dans le réservoir.

— Je ne peux pas croire qu'on boit ça! s'exclame Carlos.

— J'imagine que cette substance... enfin, que *nous* sommes d'abord nettoyés, dit Jérôme. Voici les filtres.

Nous traversons quelque chose qui ressemble à une grille de métal et laissons derrière nous une bonne partie des saletés. Puis nous flottons dans une bizarre substance blanche et ouatée.

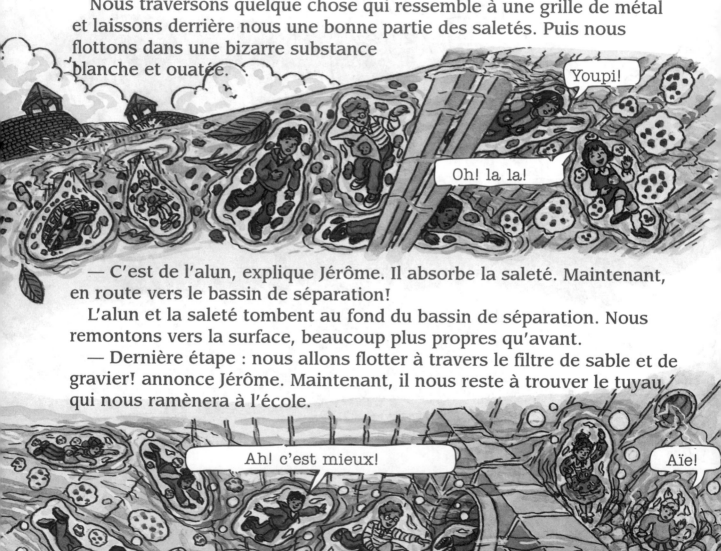

Youpi!

Oh! la la!

— C'est de l'alun, explique Jérôme. Il absorbe la saleté. Maintenant, en route vers le bassin de séparation!

L'alun et la saleté tombent au fond du bassin de séparation. Nous remontons vers la surface, beaucoup plus propres qu'avant.

— Dernière étape : nous allons flotter à travers le filtre de sable et de gravier! annonce Jérôme. Maintenant, il nous reste à trouver le tuyau qui nous ramènera à l'école.

Ah! c'est mieux!

Aïe!

— Par ici! dit Jérôme.

Nous le suivons. Les premiers tuyaux sont très gros, puis ils deviennent de plus en plus petits lorsque nous avançons sous la ville.

— L'école et les toilettes de filles sont-elles encore loin? demande Catherine.

— Nous arrivons! explique Jérôme.

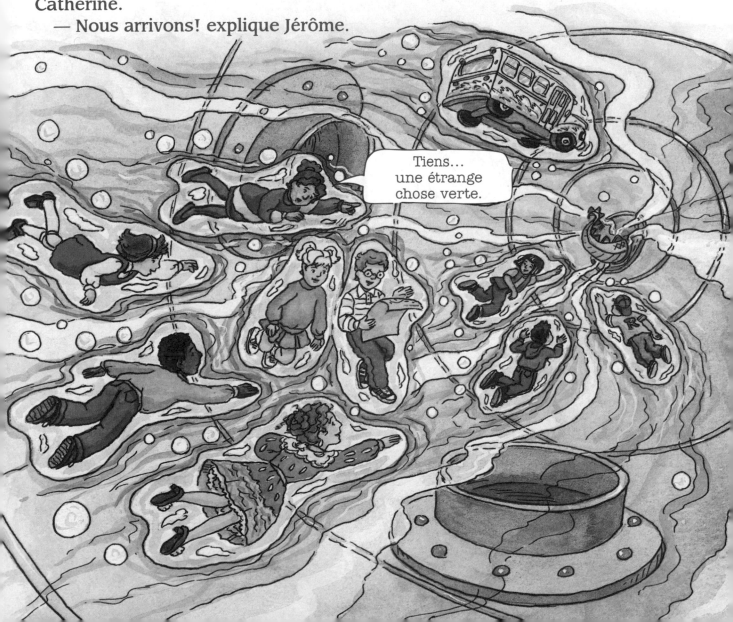

— Mais c'est la queue de Liza! s'écrie Catherine.

Elle tire dessus, de plus en plus fort, et nous aussi. Rien ne bouge. La queue de Liza est vraiment coincée.

— Je n'aime pas faire ça, dit Catherine, mais il le faut.

Et elle mord la queue de Liza, très fort.

La voie est libre, et nous arrivons tous dans le lavabo... sur le bord...
puis sur le plancher.

— Oh! non! grogne Jérôme. Encore Françoise! Il ne faut pas qu'elle
me voie.

Mais tout ce que Françoise voit est une inondation.

— Au secours! crie-t-elle.

Elle court fermer le robinet. Nous nous échappons par la porte
ouverte et nous flottons dans le corridor jusque dans la cour de l'école.

— Parfait! s'exclame Frisette. Maintenant, il y a assez d'espace pour que nous et l'autobus retrouvions notre taille normale. En voiture, les enfants!

Nous flottons jusque dans l'autobus. Mme Friselis fait démarrer l'autobus et, dans un grand *ZOUM!* nous redevenons comme avant.

— Françoise! crie Jérôme. Ça va?

Elle est tombée dans une flaque d'eau et Jérôme l'aide à se relever.

— Je pense que oui, répond-elle. Merci, Jérôme.

Jérôme rougit, mais il a le sourire fendu jusqu'aux oreilles.

— Eh bien, les enfants, que pensez-vous du cycle de l'eau? demande Mme Friselis lorsque nous la suivons dans l'école.

— Comme d'habitude, Mme Frisette, dit Catherine, votre excursion a été éclaboussante... non, je veux dire *époustouflante* !

À l'éditeur de la collection
«L'autobus magique»,

Non, vous ne m'aurez pas.
Premièrement, les enfants ne peuvent pas se transformer en eau.

Deuxièmement, je sais que l'eau se «rassemble», s'évapore, se condense et se transforme en pluie, mais cela n'arrive pas trois fois par jour à une goutte d'eau. Il faut parfois des semaines ou des années pour que le cycle de l'eau s'accomplisse, et même des milliers d'années si l'eau est gelée, comme dans un glacier.

Finalement, il est dangereux de mordre la queue d'un lézard : pour celui qui mord et pour le lézard. Que répondez-vous?

Et j'ai signé,
On ne m'aura pas

Cher «On ne m'aura pas»,

C'est vrai, les enfants ne peuvent pas se transformer en eau. C'est nous qui voulions qu'ils se *comportent* comme de l'eau.

C'est vrai, le cycle de l'eau peut être très long. Mais lorsqu'on est avec Mme Friselis, les choses se passent rapidement.

Quant à la morsure, Liza et Catherine se portent bien, mais tu avais raison.

N'essaie pas de mordre un lézard.

Merci pour ta lettre,
L'éditeur

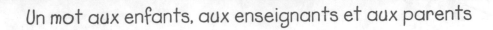

Un mot aux enfants, aux enseignants et aux parents

Vous venez de vivre un voyage dans le cycle de l'eau. Cela aurait pu durer bien plus longtemps, pour toujours, en fait, parce que le cycle de l'eau ne se termine jamais. La Terre déplace constamment l'eau à sa surface : l'eau descend des montagnes vers les rivières et les océans, les endroits les plus bas à la surface de la Terre. La chaleur du Soleil change l'eau de surface en gaz; lorsque la vapeur refroidit, elle se condense et retombe sur la Terre sous forme de pluie ou de neige. De retour sur Terre, elle se «rassemble» de nouveau, dévale les ruisseaux et les rivières, jusqu'à l'océan. Le cycle est complet.

Tout le long du trajet, les plantes, les animaux et les humains prennent l'eau dont ils ont besoin, l'utilisent et la retournent, d'une façon ou d'une autre, dans le cycle. Les humains prennent l'eau pour boire, faire cuire les aliments, se laver et fabriquer des choses, et ils la renvoient dans le cycle de l'eau.

Bien que notre planète regorge d'eau, l'eau ne se trouve pas toujours à l'endroit voulu et au moment voulu. Seule une petite partie de l'eau de la Terre est potable. Notre eau potable est une ressource précieuse. Nous devons l'utiliser seulement lorsque nous en avons besoin et nous devons la retourner dans le cycle de l'eau sous la forme la plus pure possible.

Mme Friselis